ANALISI FONDAMENTALE

Sommario

ANALISI FONDAMENTALE 1

CAPITOLO 1 3

Capire l'analisi fondamentale 3

CAPITOLO 2 15

Sfruttare l'analisi fondamentale 15

CAPITOLO 3 32

Come l'analisi fondamentale può aiutare il portafoglio 32

CAPITOLO 4 53

Comparare e valutare l'analisi fondamentale 53

CAPITOLO 5 67

Fare soldi con l'analisi fondamentale 67

CAPITOLO 1

Capire l'analisi fondamentale

Se qualcuno ti avesse dato un euro per ogni nuovo metodo di stock-picking inventato fino ad oggi, beh, probabilmente non avresti bisogno di un libro sugli investimenti perché saresti già enormemente ricco. Gli investitori sono costantemente bombardati da nuovi modi per scegliere e comprare le azioni. Diciamo che non c'è carenza di opinionisti, investitori professionali e trader che pretendono di conoscere il modo migliore per investire con profitto e senza rischi. Il problema è che la maggior parte dei loro consigli sono contrastanti e spesso confusi.

Forse è questo vortice costante di chiacchiere sugli investimenti che ti ha spinto a impossessarti di questo libro. Se è così, hai preso una saggia decisione. Queste pagine ti aiuteranno ad andare alle basi dell'investimento, capire il business e misurare quanto quel business valga davvero.

Piuttosto che inseguire i titoli caldi che girano, vedremo l'importanza di studiare il valore di un business e capiremo come servirsi di dati e informazioni per prendere decisioni intelligenti.

Mentre i sistemi di stock-picking vanno e vengono, l'analisi fondamentale esiste da decenni. La capacità di spulciare i dati di base di un'azienda e farsi un'idea di come stiano procedendo gli affari, di quanto sia abile il team di gestione e se un'azienda abbia o meno le risorse per rimanere in piedi, è un'abilità preziosa da possedere.

L'analisi fondamentale è meglio conosciuta come uno strumento per gli investitori che cercano di ottenere una valutazione dettagliata dell'effettivo valore di una società. Ma potresti essere sorpreso di sapere che non c'è bisogno di essere un investitore per usare l'analisi fondamentale. Se intendi vendere ad un'azienda sulla base di una garanzia da essa prodotta e vuoi sapere se l'azienda sarà in grado di onorare tale garanzia, sappi che puoi servirti precisamente dell'analisi fondamentale. Anche solo se volessi sapere "quanto bene sta facendo un'azienda", magari proprio quella per cui lavori, potresti servirti dell'analisi fondamentale. Gli stessi giornalisti potrebbero sfruttare l'analisi fondamentale per trovare storie che interesseranno i lettori.

L'analisi fondamentale vi aiuta anche a capire se quello che leggete sulle aziende ha senso. Lo scopo di questo libro è mostrarvi cos'è l'analisi fondamentale e aiutarvi ad usarla come un nuovo modo per capire meglio gli affari e gli investimenti. Facciamo un esempio concreto per essere il più chiari possibile: prima di trangugiare una bevanda energetica colorata al neon o di versarvi una ciotola di cereali super zuccherati, probabilmente darete un'occhiata all'etichetta nutrizionale che spiega quali ingredienti stanno per finire nel vostro corpo. Potreste non sapere cosa sono la gomma di guar, il guaranà o altri ingredienti che spesso compaiono sulle etichette di questi alimenti trasformati, ma potete tuttavia farvi un'idea abbastanza concreta di ciò che è salutare per voi e di ciò che non lo è. Se una bottiglia di succo di mela, per esempio, ha una lista di ingredienti più lunga del tuo braccio ed è piena di roba che non riesci a pronunciare, sai che non stai bevendo mele spremute. Giusto? Ebbene, com'è ovvio dunque, sapere cosa c'è in un alimento può o non può influenzare la tua decisione di mangiarlo, ma almeno sai cosa stai mettendo nel tuo corpo.

Anche le aziende e le azioni hanno etichette simili ai prodotti che possiamo acquistare al supermercato. Tutte le aziende che sono quotate in borsa, o che accettano investimenti dal pubblico, sono tenute a rivelare ciò che fanno. Proprio come i produttori di cibo devono elencare tutti gli ingredienti che entrano nei loro prodotti, le aziende devono dire agli investitori di cosa sono composte. Sfortunatamente, tutte le informazioni che gli investitori devono sapere su una società non rientrano in un minuscolo rettangolo, come accade sull'etichetta di un alimento. Al contrario, gli elementi chiave che compongono un'azienda sono suddivisi in una serie di lunghi bilanci e altre fonti di dati fondamentali. Leggere questi bilanci critici e ricavarne delle intuizioni sono gli obiettivi più basilari dell'analisi fondamentale.

L'analisi fondamentale è l'abilità di leggere tutte le informazioni che le aziende forniscono su loro stesse per, infine, prendere decisioni intelligenti per i nostri propri investimenti. Proprio come vorresti sapere cosa c'è in quella barretta di cioccolato che stai per mordere, vuoi sapere cosa c'è in un investimento che stai pensando di aggiungere al tuo portafoglio.

Potresti dunque esserti chiesto perché dovresti aver bisogno di preoccuparti dell'analisi fondamentale. Dopo tutto, ad ogni picnic di famiglia c'è senza dubbio il parente più rumoroso di tutti che è pieno di ogni sorta di consiglio utile su affari, amore e tempo libero. Perché preoccuparsi di cose tecniche come il reddito netto o l'analisi del flusso di cassa scontato quando si può semplicemente accendere la TV, scrivere un paio di simboli di azioni, comprare le azioni e sperare per il meglio? Si potrebbe anche pensare che il tentativo di comprendere come le grandi aziende operino sia solo un inutile esercizio di raccolta informazioni. Dopo tutto non c'è bisogno di conoscere i sistemi di iniezione del carburante, delle sospensioni e della tecnologia delle batterie per guidare un'auto. E non è necessario nemmeno sapere cosa succede dietro il sipario di un palcoscenico per godersi uno spettacolo a teatro.

Alcuni investitori pensano di poter scegliere solo un paio di azioni che scottano, comprarle e guidare così diretti e senza soste verso la fonte di tutte le ricchezze. Se il feroce mercato orso iniziato nel 2007 ha davvero insegnato qualcosa agli investitori, questo qualcosa si chiama selezione. Comprare ciecamente azioni solo perché potrebbe "piacerci" un'azienda o i suoi prodotti non è un modo sano per mettere a punto un portafoglio. Inseguire le intuizioni e le opinioni personali sulle azioni è in effetti il modo più sbagliato di investire.

La crisi finanziaria sta diventando un lontano ricordo per molti investitori e alcuni potrebbero di nuovo iniziare a pensare che l'analisi fondamentale non abbia importanza. In molti infatti, hanno ripreso di nuovo a inseguire le storie e la pubblicità che gravitano attorno al mercato toro che ha preso il via nel 2011. Per i trader, gli "investimenti (a scatola chiusa) da non perdere" sono dei tranelli sempre presenti dietro ogni angolo.

Avete mai notato che c'è sempre una nuova dieta miracolosa che promette di rendervi magro e una nuova pillola per renderti più sano? Il più delle volte, però, sembra che queste pozioni magiche non funzionino e che si risolvano in perdita di tempo e di denaro. La salute torna alle basi, ai fondamenti, e ci rendiamo conto che il nostro corpo necessita solo di una dieta equilibrata e di esercizio fisico. Lo stesso vale per gli investimenti. Che ci crediate o no, i mercati sono mondi pieni di mode e di provetti stilisti da passerella. C'è sempre un nuovo esperto di investimenti o un economista rampante con il suo innovativo ed esclusivo modo di scegliere azioni vincenti. E proprio come un'ora sul tapis roulant ti farà più bene di una bottiglia piena di pillole miracolose, scegliere con successo azioni attraverso l'analisi fondamentale avrà ricadute eccezionali nel futuro. Nessuna magia, solo pazienza accompagnata da una buona dose di logica matematica e deduttiva.

L'analisi fondamentale è il modo classico di esaminare le aziende e gli investimenti per una serie di ragioni, tra cui il fatto che essa è:

- Basata sui fatti, non sulle opinioni: è facile farsi prendere dall'entusiasmo generale su ciò che una società sta creando o sui prodotti che sta vendendo. L'analisi fondamentale ti rende cieco ad ogni montatura pubblicitaria dell'investimento e ti fa concentrare sulle fredde realtà del business. Non importa se tutti i bambini del tuo quartiere stanno comprando i prodotti di un'azienda se poi quell'azienda non sta guadagnando soldi vendendoli;

- Perfetta per individuare i cambiamenti nella salute del business: se il successo di un'azienda sta iniziando ad affievolirsi, lo vedrete nei fondamentali. No, non ci sarà un cartello gigante che dice "vendi questo titolo", ma solo indizi se sai come guardare. Le aziende sono tenute a rivelare gli aspetti chiave dei loro affari, quindi se c'è un problema un analista sarà spesso in anticipo nell'individuarlo;

- Tutta una questione di esecuzione: gli amministratori delegati delle aziende sono solitamente bravi investitori concentrati sul futuro e su come le cose miglioreranno il prossimo trimestre. Ma i fondamentali si basano sulla realtà, sul proprio ora. Basta pensare ai bambini che raccontano in casa quanto duramente stiano lavorando a scuola e quanto positivi siano i loro risultati. La pagella resta la prova tangibile di come stanno effettivamente andando le cose perché i numeri non mentono, se sai dove guardare;

- Un modo per dare un prezzo alle aziende: quanto vale un quadro? Quanto vale un'auto usata? Il prezzo di un bene è un valore soggettivo, ovvero si tratta della quantità di denaro che qualcuno è disposto a pagare per acquisire il bene stesso. Il mercato azionario, un'asta di acquirenti e venditori, fa un buon lavoro nel dare un prezzo alle aziende. Ma l'analisi fondamentale offre un altro modo per vedere quanto gli investitori, comprando o vendendo azioni, stanno pagando per un titolo;

Uno dei migliori esempi recenti di come l'analisi fondamentale possa aiutare voi e il vostro portafoglio è General Motors. Per decenni, GM ha rappresentato la potenza dell'industriosità, del know-how e della creatività degli Stati Uniti.

GM ha comandato un enorme valore di mercato di 3,5 miliardi di dollari nel 1928, secondo Standard & Poor's. In altri termini, nel 1928 GM era l'azienda di gran lunga più preziosa di tutta l'America. Per decenni, gli investitori hanno pensato che un dollaro investito in GM equivalesse a depositarlo in banca. L'azienda ha lottato tra alti e bassi ed è stata una potenza duratura che ha contribuito a guidare l'economia degli Stati Uniti per tanti anni, continuando peraltro a pagare grassi dividendi e vedendo i suoi profitti crescere regolarmente. In America c'è anche un'espressione molto nota: "Come va GM, così va la nazione". Ebbene, gli investitori che scommisero ciecamente su GM, ignorando i segnali fondamentali di difficoltà e convinti che sarebbe rimasta una forza duratura nel mercato mondiale, subirono un colpo brutale il 1° giugno 2009. Quel giorno, che rimarrà per sempre uno dei momenti più bassi del capitalismo, GM divenne la quarta società pubblica più grande a chiedere la protezione della bancarotta, secondo BankruptcyData.com. Le azioni di GM sono crollate a soli 75 centesimi per azione, in calo del 97% rispetto al livello di appena tre anni prima.

L'analisi fondamentale forse non vi avrebbe aiutato a prevedere quanto sarebbe stato scioccante il destino di GM. Ma elementi concreti estrapolati dai bilanci della società e dai suoi rendiconti finanziari, avrebbero potuto comunque farvi capire quanto GM fosse in difficoltà prima che diventasse un penny stock e venisse liquidata. GM alla fine è rinata con la creazione di una nuova società che ha acquistato molti dei beni della vecchia, compreso il nome GM. Si può essere certi che ora gli investitori della nuova GM presteranno molta più attenzione ai fondamentali.

CAPITOLO 2

Sfruttare l'analisi fondamentale

È facile farsi consumare dagli aspetti di trading fast-money delle azioni. Eccitanti servizi televisivi su azioni in movimento e su società che pubblicizzano nuovi prodotti, trasformano praticamente ogni investimento in un evento sportivo. Se ascoltate alcuni trader parlare, vedrete attorno a loro i simboli di azioni in rapida consegna proprio come vedrete tifosi e replay dietro la schiena di un commentatore o di un giornalista sportivo.

Le frecce lampeggianti e il trading rapido possono diventare una dipendenza per le persone che vi si dedicano. L'analisi fondamentale cerca di aiutarti ad evitare questi mal di testa e la pura follia che essi generano.

Le azioni salgono e scendono ogni minuto, giorno e settimana sulla base di un flusso casuale di notizie. Questo per un analista è solo rumore, perché gli alti e bassi costanti delle azioni possono a volte confondere la logica e la ragione. Molti investitori alle prime armi si meravigliano quando un titolo cade anche dopo che la società riporta su tutti i media quelle che sembrano essere invece ottime notizie. Cercare di trarre profitto da queste oscillazioni a breve termine è un gioco per scommettitori e speculatori ma è un'attività inutile sul lungo termine.

Questo non vuol dire che investire sia un gioco d'azzardo. Ricordate solo che quei simboli azionari che vedete lampeggiare in rosso e verde non sono dadi, cavalli o carte. Sono qualcosa di più delle due, tre o quattro lettere del loro ticker, o stock, symbol. Quando compri un'azione, stai comprando un pezzo di proprietà in aziende che creano e vendono prodotti e servizi. Stai comprando un diritto ai profitti futuri delle aziende. Possedere un pezzo di un business reale nel tempo non è gioco d'azzardo, è capitalismo. L'analisi fondamentale ti costringe a concentrarti nell'investimento su aziende, non sulle singole azioni. Non stai comprando un biglietto della lotteria, ma un pezzo di proprietà di un'azienda reale. A volte questo concetto viene dimenticato dagli investitori, molti dei quali finiscono per prestare più attenzione ai grafici delle azioni che ai rendiconti finanziari.

Se saltare dentro e fuori le azioni al momento giusto non è la strada per la ricchezza, allora qual è il trucco per investire con successo? La risposta è smettere di pensare alle azioni come a semplici simboli che cambiano un po' ogni giorno. L'obiettivo dell'analisi fondamentale è quello di aiutarvi ad allontanarvi dal trading a breve termine e dal gioco d'azzardo imposto dalle azioni stesse.

Ci si avvicina all'investimento come se si stesse comprando un'azienda, non come se si stessero lanciando i dadi al tavolo verde. L'analisi fondamentale ti aiuta idealmente a identificare le aziende che vendono beni e servizi a un prezzo superiore a quello pagato per produrli. L'analisi fondamentale è il tuo strumento per valutare quanto è brava un'azienda a trasformare materie prime in profitti.

Indipendentemente da come scegliete attualmente gli investimenti, potete probabilmente già iniziare ad applicare l'analisi fondamentale ai vostri affari. Anche se sei il tipo di investitore a cui piace comprare fondi comuni di investimento diversificati e tenerli per sempre, cioè sei quello che nell'ambiente è generalmente conosciuto come un "investitore passivo", può esserti utile capire le caratteristiche finanziarie di base delle aziende. Sapere cosa fa ticchettare una società non è un'operazione così contorta come si potrebbe immaginare. Le aziende sono così regolamentate e controllate che tutte le cose a cui un analista deve prestare attenzione sono di solito fruibili pubblicamente. In generale, quando si sente parlare dei fondamentali di un'azienda, gli elementi chiave di cui preoccuparsi rientreranno in diverse categorie, tra cui:

- Performance finanziaria: si guarda a quanto un'azienda incassa dai clienti che comprano i suoi prodotti o servizi, e quanto profitto l'azienda stessa generi dalle vendite. Termini che probabilmente senti pronunciare o che leggi molto spesso, come guadagni e entrate, sono esempi di modi in cui gli analisti fondamentali valutano la performance finanziaria di un'azienda;

- Risorse finanziarie: per un'azienda non è sufficiente vendere beni e servizi. Non è nemmeno sufficiente girare un profitto. Le aziende devono anche avere la potenza di fuoco finanziaria per investire in se stesse e mantenere i loro affari in forma e, soprattutto, in crescita. Gli aspetti di un business, come le sue attività e passività, sono modi per misurare le risorse di un'azienda;

- Team di gestione: quando investiamo in

un'azienda, stiamo concretamente affidando i nostri soldi all'amministratore delegato e ad altri manager perché li mettano al lavoro. L'analisi fondamentale ti aiuta a separare i buoni manager dai cattivi;

- Valutazione: non è sufficiente identificare quali aziende siano le migliori sul mercato. Quale azienda può essere definita "buona"? Le definizioni di "buona" possono essere numerose. È necessario considerare quanto si sta pagando per possedere un pezzo di un'azienda. Se si paga troppo per la migliore azienda del pianeta, è altamente probabile che finiremo per perdere soldi sull'investimento;

- Tendenze macro: nessuna azienda opera nel vuoto. La performance di un'azienda è altamente influenzata dalle azioni dei concorrenti o dalle condizioni dell'economia. Questi fattori basilari devono dunque essere incorporati nell'analisi fondamentale.

Sapere di cosa abbiamo bisogno

Una degli aspetti grandiosi della corsa in quanto hobby, è che tutto ciò di cui abbiamo bisogno per correre è un paio di scarpe decenti. E il calcio? Basta prendere una palla e disegnare o delimitare una porta da qualche parte, in terra, su un muro, su un campo, in spiaggia, ecc. Non c'è bisogno di attrezzatura particolare. Lo stesso vale per l'analisi fondamentale. Molti dei dati di cui hai bisogno sono forniti gratuitamente dalle aziende e ognuno può avervi accesso in pochissimi secondi e da qualsiasi computer connesso a Internet.

L'analisi fondamentale può essere piuttosto complessa, è vero. Ma nella sua forma più elementare, essa poggia solo su poche idee di base, tra cui:

- Consapevolezza dei vantaggi: dal momento che l'analisi fondamentale richiede un certo know-how e un po' di tempo da spendere nello studio e nell'apprendimento per imparare, vorrete sapere in anticipo, prima del tempo, il motivo per cui vi prendete il disturbo di cimentarvi in questa sfida. Anche se sei un investitore passivo, o uno che compra semplicemente un paniere di azioni e lo tiene, ci sono ragioni per cui l'analisi fondamentale è necessaria, una tra queste sono i sicuri vantaggi monetari che essa genera in ogni business;

- Recupero di dati finanziari: ottenere tutti i dati chiave di cui hai bisogno per applicare l'analisi fondamentale è facile, se sai dove cercare;

- Matematica di base: eccolo qui, il terrore della maggioranza di noi! Non c'è modo di aggirare il fatto che in molti suoi aspetti l'analisi fondamentale ha a che fare con il mondo dei numeri e dei calcoli. Non preoccupatevi, si tratta solo di ripassare alcuni concetti e procedimenti particolari, come il calcolo delle percentuali e lo studio di una funzione logaritmica;

In sintesi, puoi leggere tutti i tipi di libri sulle riparazioni domestiche che vuoi. Puoi anche fare un sacco di viaggi al tuo negozio di ferramenta e comprare un sacco di viti, chiodi e colla. Ma nessuno di questi sforzi ti avvantaggerà se non avrai una cintura di attrezzi professionali e la conoscenza di come iniziare ad aggiustare il tuo pozzo. Lo stesso discorso può essere fatto per l'analisi fondamentale. Si può apprezzare la sua importanza e si può anche facilmente essere in grado di scaricare dati fondamentali da siti web o dal rapporto annuale di un'azienda, ma è necessario avere gli strumenti per analizzare i fondamentali al fine di ottenere un valore reale da essi.

Rimanere concentrati sulla linea di fondo

Se c'è una cosa su cui tutti gli investitori sono d'accordo, è l'importanza della redditività di un'azienda. In fin dei conti, quando si investe in una società si sta comprando una parte dei suoi guadagni. Per questo motivo, leggere e capire quanto profitto sta generando una società è molto importante quando si tratta di sapere se investire o meno nelle sue azioni. Il conto economico sarà la vostra guida quando cercherete di determinare quanto è redditizia un'azienda. Quello che potrebbe sorprendervi è che il conto economico potrà dirvi molto su un'azienda, non solo sui suoi guadagni.

Durante i periodi di intenso stress finanziario, gli investitori spesso vivono un importante cambiamento mentale, in cui sono molto più interessati a recuperare soldi che a farne di nuovi. Allo stesso modo, quando le cose si fanno difficili nell'economia, gli investitori non si chiedono quanto sia redditizia una società, ma si concentrano piuttosto nel cercare di capire se un'azienda sopravviverà alla flessione economica o meno. In questi casi, quando si cerca cioè di capire il potere duraturo di un'azienda, l'analisi fondamentale è di grande valore. Leggendo il bilancio di un'azienda, infatti, si può ottenere un resoconto di ciò che essa possiede - le sue attività – e di ciò che deve - le sue passività. Il monitoraggio di queste voci ti dà un'ottima immagine di quali siano le reali capacità di un'impresa commerciale per sopportare un periodo difficile.

Uno dei più grandi killer delle aziende, specialmente delle piccole imprese che hanno appena iniziato le attività, è il povero flusso di cassa. Anche se un'azienda potrebbe avere un grande concetto di prodotto, un'eccellente gestione e persino dei finanziatori dedicati, il tempismo è tutto. Se un'organizzazione sta usando il contante per pagare le bollette e i dipendenti ma non incassa abbastanza denaro concreto dai clienti, può incorrere molto rapidamente in un gigantesco mal di testa finanziario e non avere abbastanza moneta per raggiungere il suo potenziale.

Se c'è una cosa che spero impariate da questo libro, è l'importanza dell'analisi fondamentale per calcolare quanto contante entra ed esce da un'azienda. Il monitoraggio del flusso di cassa è fondamentale per sapere se un'azienda è pericolosamente a corto di contanti. Seguire il flusso di cassa, d'altronde, è anche un modo per dare un prezzo a quell'azienda, per valutarla.
Mentre sfogli libri e siti web alla ricerca di diversi argomenti che ti interessano sui mercati, gli investimenti e il trading, potresti essere un po' disorientato dai dati finanziari con cui gli analisti hanno quotidianamente a che fare. Sappi però che i rendiconti finanziari misurano praticamente ogni aspetto dell'azienda, anche se può risultare particolarmente complesso decidere quali numeri siano più importanti e quali possono invece essere ignorati. I rapporti

finanziari saranno di grande aiuto in questo caso perché formano il vocabolario stesso degli analisti. Essi traggono tutti i tipi di dati fondamentali da diverse fonti e li mettono in prospettiva. Se vi capiterà di trovarvi ad un cocktail party dove gli analisti parlano di margini lordi e di rotazione dei crediti, voglio che siate preparati. A proposito, vi avviso che sarà una festa piuttosto noiosa.

Immaginate un bambino che ha memorizzato un intero dizionario ma non è tuttavia capace di usare nelle sue frasi neanche una delle parole apprese. Questa è un'analogia della conoscenza dell'analisi fondamentale di alcuni investitori. Anche tu potresti sapere alcune cose sull'analisi fondamentale, sul conto economico e sul bilancio così come sul contenuto dei rendiconti. Ma quando si tratta di applicare la teoria alla pratica, tutto può diventare molto più complicato del previsto.

Mettere in pratica l'analisi fondamentale richiede una paziente raccolta di dati e la loro attenta e corretta interpretazione. Occorre, cioè, prendere tutto ciò che si sa su un'azienda e mescolarlo alle stime sul futuro, e ciò in vista della decisione di investire o meno il nostro denaro.

Usare i fondamentali come segnali per comprare o vendere

Comprare un'azione al momento giusto è molto difficile. Ma sapere quando venderla è ancora più difficile. E mentre l'analisi fondamentale non vi dirà esattamente il momento e il giorno più adatto per comprare o vendere un'azione, essa potrà almeno darvi una migliore comprensione degli aspetti a cui prestare attenzione quando si tratta di prendere decisioni.

Se sei un investitore passivo e compri grandi panieri di azioni, come quelli dell'indice Standard & Poor's 500, puoi permetterti di comprare e tenere i titoli come un gruppo. Anche se una società si trova in grossi problemi finanziari, si tratta solo di una partecipazione in un grande paniere di azioni e non sarà un danno così catastrofico per i nostri affari. Tuttavia, se si sceglie di investire in azioni individuali, cercando di scegliere aziende che si pensa possano battere il mercato, il monitoraggio dei fondamentali è, appunto, fondamentale.

Se iniziate a notare che il trend di una società inizia deteriorarsi, non vorrete senz'altro essere l'ultimo investitore ad uscire dal gioco. Seguire ciecamente una società e investire in azioni può essere molto pericoloso se si intraprende la strada sbagliata. La bolla dot-com e la successiva crisi finanziaria del 2008 e 2009, sono ancora i migliori esempi recenti di quanto le cose possano complicarsi improvvisamente per tutti quegli investitori che comprano ciò che è popolare ignorando i fondamentali. Non è raro che, nel giro di pochi anni, azioni che valevano 100 euro o più, abbiano visto i loro prezzi scendere a meno di 10 euro per azione.

Investire in azioni individuali è in effetti molto rischioso e le perdite possono rivelarsi considerevoli. Questo è il motivo per cui se avete intenzione di comprare azioni individuali, dovrete investire con gli occhi ben aperti. Proprio come probabilmente non osereste sparare con un'arma carica o saltare da un aeroplano senza un adeguato addestramento, lo stesso vale per l'investimento in azioni individuali.

Fortunatamente, l'analisi fondamentale fornisce agli investitori una serie di strumenti che aiutano a proteggersi. E anche se gli strumenti degli analisti non sono infallibili, essi danno tuttavia agli investitori una guida utile per comprendere per tempo quando un'azione potrebbe diventare un po' pericolosa o quando le tendenze di fondo stanno per attraversare una fase di cambiamento.

CAPITOLO 3
Come l'analisi fondamentale può aiutare il portafoglio

Cerca di ricordare com'era essere un principiante in qualcosa in cui ora sei diventato bravo. Che si tratti di karate, chitarra o pallacanestro, come principiante, potresti essere stato tentato di bypassare tutte le basi e andare dritto alle tecniche avanzate. Che noia imparare l'accordo di Mi quando il nostro sogno è suonare l'assolo di Little Wing di Jimy Hendrix! È naturale voler provare a rompere le tavole a mani nude o a fare scale complesse o slam-dunk il primo giorno che si prova qualcosa di nuovo. I buoni allenatori e maestri, però, ti incoraggiano a rallentare e a cominciare dall'inizio. È quasi sempre meglio iniziare a lavorare sulle posizioni di base del karate, sulle scale maggiori della chitarra e sui palleggi del basket prima ancora di pensare agli aspetti spettacolari e avanzati di ogni arte o sport.

Agli inizi, gli investitori principianti spesso sperimentano un simile eccesso di fiducia. Molti sperano di poter saltare le cose banali, come la lettura delle dichiarazioni contabili, la comprensione dei rapporti finanziari di base e il calcolo del flusso di cassa scontato. La maggior parte dei trader in erba, non desidera altro che passare subito al trading esotico e veloce. Si è infatti convinti di poter scambiare titoli complessi, dilettarsi in azioni altamente volatili e sfrecciare dentro e fuori dagli investimenti con estrema facilità, magari grazie a un qualche talento nascosto per gli investimenti. Nella dura realtà, però, gli investitori di solito perdono denaro quando cercano di andare troppo avanti e troppo presto ma, sfortunatamente, troppo tardi per affidarsi ad un maestro.

Cos'è l'analisi fondamentale?

Chiedi a venti persone come scelgono i loro

investimenti e probabilmente sentirai la spiegazione di venti metodi diversi. Ad alcuni piace comprare azioni raccomandate da un amico o da un broker di fiducia. Altri pensano che sia saggio investire in aziende che producono prodotti che amano e usano personalmente. Alcuni addirittura consultano gli astrologi (seriamente). Quello che la maggior parte degli investitori però ha in comune è la sensazione, o la paura, di acquistare azioni ad un prezzo troppo alto e di rivenderle troppo a buon mercato.

Forse qualche lettore di queste pagine è già abituato a testare diverse strategie di investimento così come alcune persone cambiano dieta a cicli regolari con la speranza di perdere peso. Sperimentare diversi modi di selezione degli stock può aver funzionato bene quando gli stock facevano progressi mozzafiato, come negli anni '90. Ma la crisi finanziaria del 2008 e del 2009 ha rivoluzionato tutto, irrompendo nei mercati con un durissimo promemoria dedicato a tutti gli investitori.

Non rendersi conto prima del tempo delle catastrofi imminenti può essere pericoloso per il vostro portafoglio e, forse, dopo aver perso soldi un po' troppe volte, state ormai cercando un metodo con un po' più di scienza alle spalle. È qui che entra in gioco l'analisi fondamentale, ovvero uno dei modi più solidi e allo stesso tempo elementari per valutare gli investimenti. Ogni analista studia attentamente e approfonditamente ogni aspetto operativo di una società. Gran parte della sua analisi si concentra sui rendiconti finanziari che le aziende forniscono o pubblicano nei portali governativi.

Andare oltre le scommesse

Se siete come la maggior parte degli investitori, l'espressione analisi fondamentale vi suonerà un po' soffocante e accademica. Ed è in effetti vero che l'analisi fondamentale trova molte delle sue radici nel mondo accademico, nelle scienze legate all'interpretazione di dati complessi. Ebbene, potreste restare sorpresi nello scoprire che probabilmente state usando alcune forme di base dell'analisi fondamentale nella vostra vita quotidiana, forse anche in contesti che non vi aspettereste mai.

Uno dei miei esempi preferiti in questo senso è legato all'ippodromo, o alla sala scommesse, e alle corse dei cavalli. Prima di ogni gara è facile notare gruppi di scommettitori a lavoro nel tentativo di scegliere il cavallo vincente. Per alcuni la faccenda è particolarmente seria, a tal punto che arrivano perfino a studiare la vita di ogni cavallo in gara, l'esperienza dei fantini e le loro tecniche, le condizioni della pista, gli storici di ogni scuderia, ecc. In altri termini, chi scommette sui cavalli previa raccolta di dati e interpretazione degli stessi, compie esattamente lo stesso lavoro di un'analista. Anche se investire non è esattamente come scommettere, l'analogia è un utile modo utile per capire l'analisi fondamentale.

Alcuni analisti studiano un'azienda come uno scommettitore studia un cavallo. Quanto successo ha avuto di recente l'azienda sulla quale vogliamo investire? È un'azienda sana e ben curata oppure è trascurata? Inoltre l'analista studia il management di un'azienda esattamente come uno scommettitore considererebbe un fantino. Il management ha esperienza? Ha già gareggiato contro rivali come quelli che sta affrontando ora? Conosce il terreno di gioco? Il suo stile è adatto al contesto? Infine, è necessario valutare il clima economico generale, proprio come uno scommettitore considererà il tempo e le condizioni della pista.

Ma è qui che le cose diventano ancora più complicate, poiché non è sufficiente trovare la migliore azienda, o il miglior cavallo, per portare la metafora un po' più in là. Dopo tutto, se tutti gli altri scommettitori all'ippodromo hanno fatto lo stesso lavoro e hanno scelto lo stesso cavallo che tu hai selezionato avresti un problema. Giusto? Le quote infatti verrebbero aggiustate in modo che il payout sul cavallo favorito scenderà. D'altronde gli scommettitori sanno che scegliere un cavallo favorito per la vittoria non paga molto e sanno anche che, in alcuni casi, quel cavallo potrebbe pure perdere. Allo stesso modo, se si investe in una società che è ampiamente considerata come un tesoro da tutti gli investitori, il nostro guadagno sarà ridotto per ragioni molto simili a quelle appena viste.

Operazioni chiave dell'analisi fondamentale

Ora che hai visto cos'è l'analisi fondamentale, in senso lato, pensa a come può essere applicata agli investimenti. Vediamo di seguito nel dettaglio precisamente quali operazioni chiave possono essere materia specifica dell'analisi fondamentale:

- Analisi dei bilanci: gli analisti spulciano documenti pubblici forniti dalle aziende al fine di capire in che direzione sta andando il loro business. Il punto di partenza di molti analisti è scavare nei bilanci di una società per vedere quanto questa è redditizia, quanto cresce rapidamente, qual è lo stato della sua salute finanziaria e se ha la capacità di resistere a tempi economici difficili;

- Investimenti a reddito fisso: molti analisti sono investitori a reddito fisso, ovvero prestano denaro alle aziende di solito comprando obbligazioni. Gli investitori in obbligazioni danno soldi a una società in cambio di un pagamento concordato ogni mese, trimestre, o anno. Poiché gli investitori obbligazionari ricevono una somma fissa di denaro, a loro non importa se una società ha un successo sfrenato o meno. In effetti, a differenza degli investitori in azioni, essi non ottengono una quota dei guadagni e della crescita futura. Gli investitori in obbligazioni vogliono solo sapere se la società è abbastanza sana, o solida, per poter continuare a pagare gli interessi e restituire il denaro preso in prestito;

- Calcolo del valore di un'azienda: gli investitori azionari usano l'analisi fondamentale per valutare se le azioni di una società sono un buon affare o meno. Studiando i rendiconti finanziari, gli analisti determinano se il prezzo di un'azione sottovaluta o sopravvaluta l'azienda. È possibile inoltre scoprire come valutare una società usando l'analisi del flusso di cassa scontato, uno dei metodi preferiti dagli analisti;

- Oltre i dati finanziari: l'analisi fondamentale va oltre i limiti della contabilità. L'obiettivo dei contabili è infatti quello di misurare con precisione l'attività, mentre gli analisti cercano molto di più: vogliono capire come funziona effettivamente un'azienda e quanto vale. Valutano dunque altri fattori che influenzano le prospettive del business e che vanno al di là degli interessi di un contabile. Fattori comuni che potremmo citare includono le dimensioni di una società rispetto ai suoi rivali, l'abilità e l'esperienza del suo team di gestione, la capacità della dirigenza di navigare attraverso i periodi di boom e di crisi e, infine, la comprensione del clima economico generale;

- Contestualizzazione e messa a confronto: il valore, le risorse finanziarie e le prestazioni di un'azienda sono misurati rispetto in relazione ai suoi pari. Gli analisti studiano tutte le informazioni raccolte per arrivare a una decisione d'investimento e, quindi, ad agire. La domanda più comune che gli analisti si pongono è se un'azione, al suo prezzo, sia conveniente o costosa in relazione al mercato. La risposta a questa domanda determinerà la scelta d'investimento.

Come funziona l'analisi fondamentale

Gli analisti scavano ben oltre i bilanci di una società per cercare di scoprire qualcosa. A volte riescono ad individuare una tendenza che si sta formando prima che i dirigenti di un'azienda la riconoscano. Un analista, per esempio, potrebbe visitare negozi al dettaglio per verificare quanto siano affollati e farsi un'idea di quello che, in caso di investimento su quel negozio, potrebbero essere in futuro i guadagni. Allo stesso modo, l'analista può cercare di farsi un'idea della domanda futura per un determinato prodotto o settore, considerando semplicemente quanto sono occupati i fornitori. Insomma, l'obiettivo dell'analisi fondamentale è quello di misurare quanto vale un'azienda attraverso lo studio di qualsiasi straccio di informazione possibile. Il modo in cui si usa l'analisi fondamentale per capire quanto vale un'impresa, arriva all'essenza di ciò che è quell'impresa stessa. Con l'analisi, il tuo obiettivo è quindi quello di monitorare un business, ovvero un'attività che genera entrate vendendo beni e servizi. Quante entrate un'attività commerciale riesce a tramutare in guadagni dopo aver pagato le sue spese? Cosa rimane dopo aver pagato tutti i conti? Qual è il profitto sul quale investire?

Il fatto che gli analisti agiscano attivatamene sulle modalità della loro ricerca, è ciò che li distingue dai contabili. Essi confrontano quello che pensano che un'azienda valga con quello che pensano a riguardo gli altri investitori. Se l'azione è sottovalutata, l'analista comprerà l'azione. Semplice. I contabili, invece, hanno il compito di registrare vendite ed entrate, ma non cercano di trarre profitto dalle loro scoperte.

Chi può eseguire l'analisi fondamentale?

Non è necessario essere un investitore di alto livello per utilizzare l'analisi fondamentale. Se hai un interesse a scoprire più a fondo come funzionano le aziende, sei un candidato per imparare i trucchi del mestiere. Infatti, sapere come leggere, analizzare e agire in base alle informazioni raccolte su un'azienda, può essere utile per molti utenti, tra cui:

- Investitori azionari: quelli che cercano di prendere una quota di proprietà di un'azienda hanno un grande incentivo finanziario che li spinge a padroneggiare l'analisi fondamentale. In effetti, quello che scoprono sulle aziende può aiutarli a decidere quando è il momento giusto per comprare o vendere;

- Prestatori: quando fai un prestito a qualcuno vuoi essere sicuro che abbia la capacità di ripagarti. Se presti denaro a un'azienda, magari comprando le obbligazioni che emette, sei più preoccupato di recuperare i tuoi soldi indietro piuttosto che di fare una fortuna con l'investimento;

- Investitori di fondi comuni: anche se non scegliete azioni o obbligazioni individuali in cui investire, probabilmente possedete fondi comuni di investimento che lo fanno per voi. I fondi comuni sono investimenti su un paniere di singoli titoli. Usando l'analisi fondamentale puoi indagare su alcuni dei titoli che i tuoi fondi possono possedere e dare un'occhiata alle principali partecipazioni del tuo fondo;

- Dipendenti: i lavoratori possono essere ansiosi riguardo alla salute della loro azienda per diversi motivi. Usando le stesse tecniche che userebbe un investitore, potete studiare le risorse finanziarie della società per la quale lavorate e stimare approssimativamente quanto è probabile che possa perseguire un taglio aggressivo dei costi e arrivare ai licenziamenti. I dipendenti che dipendono da una pensione pagata da un ex datore di lavoro potrebbero anche voler studiare la salute dell'azienda e assicurarsi che rimarrà nei paraggi;

- Membri del consiglio di amministrazione: che tu sia un membro del consiglio di una grande azienda, del tuo museo locale o della tua associazione condominiale, capire il flusso di denaro in entrata e in uscita può essere uno strumento prezioso. Comprendere l'analisi fondamentale vi aiuterà a diventare un solido cane da guardia nella gestione e nell'organizzazione: guarderete i fatti, non le promesse;

- Donatori: anche alcuni enti di beneficenza senza scopo di lucro rivelano la loro situazione finanziaria. L'analisi fondamentale vi aiuterà a capire dove vengono spese le donazioni e se il denaro arriva realmente a chi ne ha bisogno o se, piuttosto, viene assorbito dalla burocrazia;

Consumatori: Quando compri un prodotto o un servizio, potresti non pensare a te stesso come se stessi investendo in una società. La maggior parte delle volte in effetti non è così. Ma a volte quando si compra un prodotto si crea anche una relazione a lungo termine con un'azienda. Pensate a un'auto o a un prodotto assicurativo. Questi tipi di beni duraturi possono legarti all'anca di una compagnia per anni. È una buona idea sapere come analizzare un'organizzazione se si pensa di fare affidamento sui suoi prodotti per molto tempo.

In linea generale, gli analisti sono estremamente bravi a non farsi ingannare dalle aziende. L'analisi offre infatti gli strumenti necessari per arrivare alla verità al di là dei numeri. È vero che gli analisti passano molto del loro tempo ad analizzare i bilanci, ma fanno anche molto di più. Dopo tutto, se fosse solo questo, l'analisi fondamentale sarebbe sinonimo di contabilità.

Seguire i soldi usando i fondamentali

Una delle regole di base del giornalismo investigativo è quella di seguire il denaro. Tracciare il movimento dei soldi di un'organizzazione mostra rapidamente gli obiettivi dei leader, la disponibilità di risorse e le loro vulnerabilità. Ispettori e investigatori spesso seguono i movimenti di denaro per individuare schemi Ponzi e altre frodi. Il compito di giornalisti e autorità giudiziarie è infatti quello di prendere le informazioni disponibili e scavare tra i dati al fine di ottenere un quadro completo di un'azienda. Seguendo il modo in cui il denaro si muove all'interno di essa, otterremo molte più informazioni di quante mai abbiamo immaginato.

Anche se non esistono due aziende uguali, le basi del business sono universali. Ecco perché l'analisi fondamentale è uno strumento così potente che puoi applicare alle aziende high-tech, alle aziende low-tech e a tutto ciò che sta in mezzo. Le aziende sono semplicemente organizzazioni che vendono beni o servizi con profitto, ovvero ad un prezzo più alto rispetto a quello d'acquisto. Sembra semplice. Ma questo può essere facile da dimenticare dopo essersi impantanati in dettagli come i margini di profitto, i guadagni per azioni e i rapporti P-E (Price-Earning; prezzo-utili).

Seguire il denaro di un'impresa commerciale, per così dire, traccia un ciclo prevedibile, una sequenza di fasi ben nota. Proprio come il ciclo della vita si ripete e si rinfresca, anche le aziende seguono fasi prevedibili. Gli analisti chiamano questo il ciclo commerciale – e capire il ciclo è piuttosto importante se si vuole che il bilancio abbia un senso. Il ciclo commerciale inizia con un'idea di business o, più precisamente, quando un'organizzazione inizia a raccogliere il denaro necessario per poter acquistare l'attrezzatura di cui ha bisogno per dare avvio alla sua attività. Il denaro può essere raccolto prendendolo in prestito, generando dunque debito, o mettendo in fila investitori disposti a scommettere i loro soldi per una parte dei profitti futuri, quelli che noi chiamiamo azioni. Il denaro raccolto viene poi usato per acquistare materie prime, spazi per uffici o qualsiasi altra cosa di cui il business ha bisogno. Successivamente, in una seconda fase del ciclo commerciale, l'azienda cercherà di aggiungere in qualche modo valore alle materie prime acquistate e tenterà di vendere il prodotto creato alla platea di consumatori. Di solito le imprese sostengono anche costi indiretti, o spese generali, fin dal primo minuto di vita. I costi generali includono tutto, dalla pubblicità, alla ricerca e sviluppo, all'assunzione di manager. I prodotti vengono creati e (si spera) venduti ai consumatori. Il denaro raccolto dai clienti viene poi usato per ripagare il debito e il ciclo si ripete ancora una volta. Non è divertente?

È qui che entra in gioco l'analisi fondamentale. Ecco alcune domande che un analista dovrebbe porsi mentre dà un'occhiata ai bilanci: dopo aver calcolato tutti i costi, l'azienda ha fatto profitto? Quanti soldi ha raccolto per iniziare e come? È in grado di mantenersi da sola senza prendere in prestito altro denaro o richiamare altri investitori? L'azienda può riuscire a innovarsi e creare nuovi prodotti per accaparrarsi sempre nuove fette di mercato? I concorrenti si stanno avvicinando all'idea del core business fortunato e vendono un prodotto simile a un prezzo inferiore?

CAPITOLO 4

Comparare e valutare l'analisi fondamentale

L'analisi fondamentale è un modo ben noto di scegliere gli investimenti. È spesso il metodo preferito insegnato nelle scuole di business, in gran parte a causa delle sue radici poggiate su concetti matematici che possono essere misurati e compresi universalmente. L'analisi non è tuttavia, in nessun modo, l'unico metodo per scegliere le azioni. Ne esistono infatti molti altri, più o meno noti:

Investimenti sugli indici

Se l'analisi fondamentale ti sembra un lavoro troppo complesso, probabilmente ti puoi identificare con gli investitori in indici, ovvero coloro che pensano che prendersi il tempo per spulciare i rendiconti finanziari delle società sia un sacco di fatica inutile. Questo genere di investitori pensa che qualsiasi informazione da ricavare dai rapporti sia già stata estratta da altri investitori che hanno a loro tempo agito di conseguenza. Per esempio, se le azioni di una società fossero sottovalutate, altri investitori l'avrebbero già notato e comprato di conseguenza le azioni. Se abbastanza investitori comprano azioni, il prezzo viene spinto verso l'alto e le azioni smettono di essere sottovalutate. Grazie alla proliferazione degli investimenti elettronici, analisti e società d'investimento con accesso a feed di informazioni istantanee possono eseguire queste mosse molto rapidamente.

Per questo motivo, gli investitori in indici pensano che cercare di comprare e vendere azioni al momento giusto, o usare il market timing, sia impossibile. Inoltre, affermano che se esiste un reale vantaggio nell'analisi fondamentale, questo è cancellato dal costo e dal tempo impiegato per trovare le informazioni.

In effetti, piuttosto che cercare di scegliere le aziende e i titoli migliori, gli analisti comprano piccole partecipazioni nel maggior tempo possibile. Generalmente invece, gli investitori di indici investono in fondi comuni che possiedono centinaia, se non migliaia, di azioni. In questo modo, se una qualsiasi organizzazione del fondo inciampasse, la perdita sarebbe molto ridotta in termini di percentuali e di portafoglio.

Dal momento che coloro che investono in indici non pensano che l'analisi fondamentale dia agli investitori un reale vantaggio, non vedono alcuna ragione per pagare un gestore di fondi comuni che scelga le azioni per loro conto. Per questo motivo, essi comprano fondi che possiedono tutti i titoli degli indici azionari popolari, come il Dow Jones Industrial Average o Standard & Poor's 500. Il Dow rispecchia gli alti e bassi di 30 grandi e famose aziende, mentre lo S&P 500 misura la performance del mercato usando 500 azioni delle più grandi compagnie.

Gli investitori in indici pensano fermamente che il modo migliore per fare soldi nel mercato azionario sia quello di mantenere bassi i costi. È per questo che i fondi indicizzati hanno generalmente spese molto basse. Piuttosto che spendere tempo nella ricerca delle azioni, gli investitori in indici generalmente comprano un paniere diversificato di azioni e poi si dimenticano delle partecipazioni.

L'analisi tecnica

Come gli investitori in indici, coloro che si affidano all'analisi tecnica scuotono la testa in segno di disapprovazione quando sentono parlare di analisi fondamentale e di studi lunghi e pazienti su fogli di calcolo e rendiconti finanziari. Gli analisti tecnici interpretano tutto lo sforzo dedicato all'analisi fondamentale come uno spreco di tempo e di batterie. Il motivo è semplice: secondo loro qualsiasi informazione che valga la pena conoscere si riflette inevitabilmente sul prezzo delle azioni. Tuttavia, tecnici e fondamentali, conocordono su un punto molto importante: è possibile battere il mercato azionario. Diversamente dagli investitori in indici, che pensano che cronometrare il mercato sia inutile, gli analisti tecnici pensano che i prezzi si muovano su e giù secondo schemi osservabili. Sapere come riconoscere modelli nei movimenti dei prezzi delle azioni può segnalare ad un analista tecnico i migliori timing per entrare e uscire dalle azioni.

Per un analista tecnico, comprare e vendere al momento giusto è più importante che comprare e vendere l'azione giusta. Ecco perché lo studio delle organizzazioni non è contemplato. Nel mondo della tecnica, i dati e gli schemi di pensiero sono ben differenti. Ci si affida a grafici dei prezzi delle azioni che tracciano i movimenti in un periodo di tempo prestabilito. Tali strumenti mostrano istantaneamente se un'azione sta salendo o scendendo, oltre a quanti scambi, o volume, sta generando.

Proprio come un astronomo vede e studia le stelle nel cielo secondo precisi parametri interpretativi, gli analisti tecnici osservano i movimenti dei prezzi delle azioni attraverso modelli altrettanto precisi. Per esempio, se il prezzo di un'azione scende a un livello basso, sale un po' e poi sprofonda di nuovo, gli analisti tecnici parlano di livello di supporto. Un livello di supporto è considerato un punto in cui la domanda di uno stock è abbastanza forte da impedirgli di sprofondare ulteriormente.

In analisi tecnica si presta molta attenzione al prezzo medio di un'azione per un periodo di tempo limitato, diciamo 200 giorni. Quando un titolo cade sotto la sua media mobile a 200 giorni, o al di sotto del suo prezzo medio negli ultimi 200 giorni, questo significa che il titolo è pronto a cadere ulteriormente, dicono i tecnici. L'idea è che quando le azioni scendono sotto la loro media mobile a 200 giorni, molti investitori che hanno comprato nell'ultimo anno stanno perdendo soldi e possono essere nervosi e perciò rapidi nella vendita.

Ecco un modo semplice per tenere a mente la differenza tra l'analisi fondamentale e l'analisi tecnica: gli analisti fondamentali cercano il "cosa" mentre i tecnici riflettono al "quando". Ciò significa che i primi si interessano alle organizzazioni attraenti e i secondi individuano il momento opportuno per cercare di trarre profitto da movimenti a breve termine.

Quanto è difficile l'analisi fondamentale?

Niente è difficile se sai come farlo. È vero però, che qualsiasi cosa abbia a che fare con la matematica, per ovvie ragioni, sta antipatica alla maggior parte di noi. È corretto dunque affermare che l'analisi fondamentale non è complessa ma è molto antipatica. Basta per esempio aprire le pagine di Security Analysis di McGraw-Hill, il libro più completo dedicato alla nostra tipologia di analisi, un tomo di 766 pagine pieno di formule complicate e calcoli arcani, per rendersi conto che il nostro libro di algebra del liceo era poco più di un fumetto.

Diciamoci la verità, l'analisi fondamentale ha la reputazione di essere la disciplina perfetta per persone che morirebbero senza una penna, una matita e una calcolatrice scientifica nel taschino della camicia. Una cosa è certa, l'analisi fondamentale è un po' come l'arte: Quando se ne impara un po' si diventa naturalmente curiosi e si vuole imparare sempre di più.

Contrariamente alla credenza popolare, non è necessario essere un mago della matematica per servirsi dell'analisi fondamentale. La maggior parte della matematica necessaria non è nient'altro che aritmetica di base. E non c'è bisogno di memorizzare le formule, perché i libri e i siti web contengono migliaia di formulari perfetti e aggiornati. Come per la trigonometria, anche nell'analisi fondamentale non avremmo bisogno di ricordare a memoria il processo di duplicazione del seno o del coseno se possediamo un foglio con le formule. Avremo bisogno di sapere come costruire alcuni modelli finanziari, quello sì, per cercare di prevedere quale sarà il profitto futuro di un'azienda. Ma Internet è pieno di strumenti e calcolatori che, se ben guidati, svolgeranno queste operazioni complicate per te. Imprescindibile è invece la conoscenza, quantomeno elementare, di excel e dei suoi fogli di calcolo.

L'analisi fondamentale fa per voi?

Se sei stanco di fidarti di altre persone che ti dicono come sta andando una società finanziariamente, sei un candidato ideale per l'analisi fondamentale. L'intera premessa dell'analisi fondamentale è quella di ridurre, se non eliminare, la speculazione e le congetture selvagge dal mondo degli investimenti. Essa guarda ai dati freddi e concreti per scegliere investimenti che potrebbero valere la pena di essere percorsi. Se qualcuno ti dice che una società "sta facendo bene", ebbene sappi che l'analisi fondamentale ti offre il background per sapere se quell'affermazione è vera o meno.
In maniera particolare, l'analisi fondamentale è ideale per le persone che vogliono avvicinarsi ad un investimento pienamente informate dei rischi e con gli occhi ben aperti. Un'analisi fondamentale su un'azione non solo vi avviserà di tendenze potenzialmente preoccupanti di un'azienda, ma vi darà anche indizi per capire

se un'azione può essere sopravvalutata dagli investitori che non prestano abbastanza attenzione. Una società sopravvalutata è una società che comanda un prezzo delle azioni che supera di gran lunga ogni possibile profitto generabile dagli investitori. Per molti versi l'analisi fondamentale serve tanto ad aiutarvi ad evitare investimenti scadenti quanto a scovare quelli buoni.

I rischi dell'analisi fondamentale

L'analisi fondamentale, pur essendo radicata nella matematica e nelle informazioni oggettive, non è senza difetti. Dopo tutto, se l'analisi fondamentale fosse perfetta, tutti lascerebbero il loro lavoro, analizzerebbero le azioni e farebbero un sacco di soldi. Ecco perché è importante capire le carenze del sistema:
- Vulnerabilità ai dati sbagliati (comprese le tue ipotesi): l'analisi fondamentale è fortemente basata sui fatti. Ma se una società riporta i dati in modo errato o male interpretato si arriverà a conclusioni quantomeno falsate. Gli errori di calcolo sono particolarmente probabili quando si fanno ipotesi su aspetti quali il futuro tasso di crescita di un'azienda, i futuri tassi d'interesse o i profitti. Anche manager e analisti sono esseri umani e, come tali, sono fallaci.
- Eccessivo affidamento sui dati del passato: forse la più grande critica contro l'analisi fondamentale è legata al peso, spesso

eccessivo, che essa dà alle performance passate di un'azienda. C'è un po' di verità in questo, perché i numeri che le società forniscono possono essere vecchi di un mese o più;

- Cattivo tempismo: supponiamo che tu faccia tutti i compiti a casa per la ricerca di un'azione; trovi un titolo che sembra essere un acquisto da urlo e, senza indugi, lo compri. Il problema è che un'azione può rimanere un acquisto da urlo per molti anni o addirittura decenni finché tutti gli investitori non giungono alla stessa conclusione. Gli analisti spesso devono sbagliarsi per molto tempo prima di fare soldi;

- Scommettere contro il mercato: se compri un'azione perché pensi che sia un furto, stai concretamente scommettendo contro migliaia dei più sofisticati trading desk di tutto il mondo che hanno accesso agli stessi tuoi dati. Se pensate che un'azione sia troppo economica, state in pratica scommettendo che gli altri investitori perderanno qualcosa che voi invece potrete vedere;

- Posizioni concentrate: se ti prendi la briga di studiare meticolosamente una società, vorrai assicurarti di essere ben posizionato per fare il massimo del profitto al momento opportuno. A meno che tu non abbia un team di analisti che lavora per te, quando trovi un'azione che si adatta ai tuoi criteri fondamentali, vorrai possederne una grossa fetta. Di conseguenza, gli investitori che si servono dell'analisi fondamentale sono particolarmente esposti alle azioni di singole aziende. Questo concetto contraddice l'idea di diversificazione, ovvero l'idea di possedere centinaia e centinaia di piccoli pezzi di molte aziende. Con la diversificazione, come si è visto, si distribuisce il rischio, così se una società avrà un problema, non farà poi così male al nostro portafoglio.

CAPITOLO 5

Fare soldi con l'analisi fondamentale

Ammettilo, probabilmente non stai leggendo questo libro perché hai un profondo desiderio di capire come leggere e analizzare le informazioni aziendali. Stai solo cercando di scavare nei rapporti aziendali per un motivo, che molto probabilmente è quello di fare soldi, una montagna di soldi.

L'analisi fondamentale può essere estremamente redditizia se si posseggono due semplici abilità:

- Essere in grado di trovare il valore nascosto in una società o nelle sue azioni;

- Comprare prima che altri investitori scoprano ciò che sai.

Quando Wall Street scoprirà le tue carte sarà arrivato il momento di incassare!

Dare un prezzo a un'azione o a un'obbligazione

Se ti sei mai chiesto se un'azione è "economica" o "costosa", l'analisi fondamentale potrà esserti di grande aiuto. Essa può aiutarti a capire esattamente cosa otterrai quando affronti un investimento. Ecco un esempio per spiegare meglio cosa intendo. Diciamo che hai l'opportunità di comprare un albero dal quale sbocciano, letteralmente, monete da un euro. Sembra fantastico, vero? Quanto dovresti pagare per acquistare quell'albero? Potresti essere tentato di pagare milioni di euro, specialmente se anche gli altri hanno i loro portafogli e iniziano a fare offerte, ma solo l'analisi fondamentale potrà aiutarti a dare un prezzo intelligente a questa pianta straordinaria. Facendo alcune domande al proprietario dell'albero si può effettivamente arrivare a stabilire un prezzo corretto. Il contadino ti dice che l'albero produce venti monete da un euro ogni mese. Dice anche che l'albero probabilmente morirà in un anno e poi smetterà di regalare denaro. Infine, promette di pagarti venti euro al mese se, per qualsiasi motivo, l'albero smettesse di produrre monete prima dei dodici mesi. Improvvisamente l'albero che fa crescere soldi non sembra così meraviglioso e, attraverso questi dettagli fondamentali, può essere valutato con buona precisione. Ora sappiamo infatti che l'albero dovrebbe generare circa 240 euro nei prossimi 12 mesi fino al giorno della sua morte. Quindi l'albero vale 240 euro? Non così in fretta. Ricordate che l'albero non farà crescere subito il denaro. Dovrete aspettare un anno per ottenere l'intero malloppo, dato che raccoglierete solo 20 euro al mese. Per uno dei principi chiave dell'analisi fondamentale, quello del valore temporale del denaro per cui un euro ricevuto oggi vale di più di uno ricevuto domani, il nostro fantastico albero ora vale meno di 240 euro. Saprete quindi quando uscire dall'asta nel caso in cui altri investitori offrano più di tale cifra.

Analisi fondamentale e teoria dei mercati efficienti

Addentrarsi nel mondo dell'analisi fondamentale può essere un'attività estremamente solitaria. Se stai cercando di fare soldi studiando una società e cercando di determinare se essa valga più del prezzo delle sue azioni, stai scommettendo che tutti gli altri investitori si sbaglino o che siano molto poco attenti. L'analisi fondamentale, quindi, è in qualche modo in contrasto con la teoria dei mercati efficienti. Essa sostiene che cercare di battere il mercato scegliendo azioni vincenti è assolutamente inutile, poiché tutte le informazioni conosciute su una società si riflettono sul prezzo delle sue azioni. Quindi, supponiamo di andare a spulciare i rendiconti finanziari di una società e di scoprire grandi e inaspettate prospettive di crescita e profitto. La teoria del mercato efficiente suggerirebbe che non siamo i primi a scoprirlo, e che altri investitori con le stesse informazioni hanno già aumentato il prezzo delle azioni.

Ma prima di alzare le mani e rinunciare all'analisi fondamentale, vi sono alcuni avvertimenti legati alla teoria dei mercati efficienti che vale la pena sottolineare. Prima di tutto, è bene comprendere che anche se le azioni riflettono effettivamente informazioni sul lungo termine, possono tuttavia esistere periodi a breve termine in cui i prezzi salgono o scendono eccessivamente a causa di un ottimismo o di un pessimismo estremo e fugace. Per esempio, molti titoli dell'alta tecnologia sono saliti alle stelle durante la fine degli anni '90, spinti da investitori convinti del loro infinito successo. Gli analisti fondamentali invece, che notarono come molte compagnie non fossero poi così solide come affermavano, evitarono la bolla dot-com, quando molti titoli crollarono del 90% o più. In alcuni casi le aziende fallirono completamente.

Per trarre profitto dall'analisi fondamentale, devi

essere a tuo agio ad andare contro la folla - o nel gergo di Wall Street – devi essere un "contrarian". Quando gli altri investitori sono troppo entusiasti di un'azione, offrono un prezzo così alto che è praticamente impossibile per chiunque fare soldi. Ecco, sappi che un contrarian non comprerebbe mai quei titoli.

La cassetta degli attrezzi dell'analisi fondamentale

Una degli aspetti meravigliosi dell'analisi fondamentale è che non si ha davvero bisogno di molto per iniziare. Se possediamo un computer e una calcolatrice siamo praticamente sistemati. A differenza dell'analisi tecnica, che può richiedere sofisticati e costosi servizi grafici, la maggior parte dei dati di cui hai bisogno per l'analisi fondamentale è fornita gratuitamente da quasi tutte le società. Inoltre, molti servizi online, spesso gratuiti, offrono accessi sempre più dettagliati ai dati finanziari dei privati, rendendoli facili da scaricare e analizzare. Ci sono tre documenti finanziari chiave che formano la pietra angolare dell'analisi finanziaria: il conto economico, il bilancio e la dichiarazione dei flussi di cassa.

- Introduzione al conto economico: vuoi sapere quanto ha guadagnato o perso un'azienda durante un anno o un trimestre? Il conto economico è quello che fa per te. Questo rendiconto finanziario ti guida attraverso tutti i soldi che un'organizzazione ha guadagnato e ha speso in un arco temporale variabile. Se hai mai letto notizie su quanto ha guadagnato una particolare impresa durante un particolare trimestre, per esempio, sappi che le informazioni sono state prese dal suo conto economico, ovvero il rendiconto finanziario che contiene i dati di cui probabilmente si sente parlare di più, tra cui le entrate, il reddito netto e i guadagni per azione.

- Nozioni di base sul bilancio: vuoi sapere quanto denaro ha un'azienda o quanto deve ad altri? È qui che entra in gioco il bilancio. Questo rendiconto finanziario indica tutto il denaro che un'impresa ha in aggiunta al suo debito. La differenza tra ciò che una società possiede (le sue attività) e ciò che deve (le sue passività) è il suo patrimonio netto. La formula di base è: Attività = Passività + Patrimonio netto. A volte è utile capire il gergo della finanza aziendale mettendolo in termini di finanza personale. Se avete mai calcolato il vostro valore netto personale sottraendo tutti i tuoi prestiti da tutti i vostri risparmi, avete essenzialmente creato un bilancio, per quanto elementare;

- Flussi di cassa: una delle prime cose che gli analisti devono capire è che i guadagni non sono necessariamente in contanti. Le regole contabili, per esempio, permettono alle aziende di includere nel loro conto economico entrate da prodotti che possono aver venduto ai consumatori senza tuttavia aver ancora incassato I denaro. Sì, avete letto bene: un'azienda potrebbe dichiarare di aver guadagnato 100 milioni di euro anche se non ha raccolto un centesimo dai clienti. Questo metodo di contabilità, legato al principio di competenza, esiste per una buona ragione e permette agli analisti di vedere più accuratamente quanto costa ad un'azienda generare vendite.

Il rendiconto dei flussi di cassa permette di

conoscere la quantità di denaro freddo e duro che entra nell'azienda e di vedere quanto contante una società ha generato dal suo business primario. Il rendiconto, però, permette anche di vedere quanto contante un'azienda ha portato da prestatori e investitori.

L'importanza di familiarizzare con i rapporti finanziari

Anche se i rendiconti finanziari sono enormemente preziosi per gli analisti, essi arrivano solo fino a un certo punto. Non solo le aziende tendono a fornire unicamente le informazioni che sono obbligate a dare, ma anche i dati sono spesso più muti di quanto potremmo aspettarci. Ma d'altronde non vi aspettavate che le aziende facessero tutto per voi, giusto?

I rapporti finanziari prendono diversi dati dal conto economico, dal bilancio e dal rendiconto dei flussi di cassa, e li confrontano tra loro. Sareste stupiti di quello che si può scoprire su un'azienda mescolando i numeri da diverse dichiarazioni. I rapporti finanziari possono fornire grandi informazioni quando applicati all'analisi. Se hai mai sentito parlare del rapporto prezzo-utili, o P-E, hai usato un rapporto finanziario. Il P-E è uno dei tanti rapporti di valutazione, ovvero uno di quei rapporti che aiutano gli analisti a scoprire se un'azione è economica o costosa confrontandone il prezzo con una serie di dati di base su una società. Per esempio, il rapporto P-E confronta il prezzo di un'azione con i suoi guadagni. Più alto è il P-E, più ricco è il valore di un'azione.

www.ingramcontent.com/pod-product-compliance
Lightning Source LLC
Chambersburg PA
CBHW070306220526
45465CB00004B/1769